CONHECER-SE

J. MALVAR FONSECA

CONHECER-SE

6ª edição

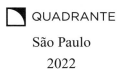

São Paulo
2022

Copyright © 2022 do Autor

Capa
Gabriela Haeitmann

Dados Internacionais de Catalogação na Publicação (CIP)

Fonseca, J. Malvar
  Conhecer-se / J. Malvar Fonseca. – 6ª edição – São Paulo : Quadrante, 2022.
  ISBN: 978-85-54991-63-0

  1. Autoconhecimento 2. Autoconsciência 3. Conduta de vida 4. Cristianismo 5. Espiritualidade 6. Religião I. Título

CDD-248.4

Índice para catálogo sistemático:

1. Autoaperfeiçoamento : Aspectos religiosos :
Cristianismo 248.4

Todos os direitos reservados a
QUADRANTE EDITORA
Rua Bernardo da Veiga, 47 - Tel.: 3873-2270
CEP 01252-020 - São Paulo - SP
www.quadrante.com.br / atendimento@quadrante.com.br

Sumário

Introdução, 7

O conhecimento próprio, 11

O conhecimento de Deus, 27

Exame de consciência, 39

O que examinar e como, 55

Retificar, 71

Introdução

Certa vez li numa revista americana uma pequena crônica com este título sugestivo: «Você age... ou reage?» Contava algo simples, da vida diária:

«Fui com um amigo ao jornaleiro, ele comprou o jornal e agradeceu cortesmente. O jornaleiro nem se abalou.

– Sujeito mal-encarado, não é? – comentei.

– Oh, ele é sempre assim – respondeu o meu amigo.

– Nesse caso, por que continua sendo delicado com ele? – perguntei.

– Por que não? – perguntou o meu amigo. Por que iria eu deixar que fosse *ele* quem decidisse como *eu* devo agir?».

Pensando mais tarde nesse incidente, continuava o autor, «ocorreu-me pensar que a palavra chave era "agir". O meu amigo, no seu relacionamento com os outros, "age"; ao passo que a maior parte de nós "reage". Ele tem um senso de equilíbrio interior, um autodomínio; ele sabe quem é, como deve proceder. Recusa-se a retribuir indelicadeza com indelicadeza, porque assim já não seria senhor da sua própria conduta».

Pode acontecer conosco que, sem o querermos ou, pelo menos, sem termos consciência disso, estejamos entregando habitualmente o comando do nosso comportamento a outras pessoas ou às circunstâncias.

A nossa vida então não passa de uma sucessão de reações de curto-circuito, automáticas e previsíveis, em que a determinados estímulos opomos uns modos de proceder que jamais chegam ao nível superior e mais íntimo do eu, lá onde existe um conhecimento dos motivos para agir e uma vontade que escolhe livremente a forma de comportamento adequada. As nossas atitudes situam-se no nível das reações bioquímicas ou fisiológicas.

Para que o centro das nossas decisões esteja onde deve estar, no núcleo mais íntimo e elevado do nosso ser, o ponto de partida essencial, embora não exclusivo, é o conhecimento próprio. Não pode chegar ao autodomínio, de modo a não lhe escaparem as decisões, quem não conheça não tanto as suas qualidades, mais fáceis e agradáveis de identificar, mas sobretudo os seus pontos fracos, que são os catalisadores dos seus descontroles temperamentais e periféricos.

A necessidade do conhecimento próprio foi ressaltada ao longo dos séculos por pensadores e filósofos. Já Pitágoras recomendava: «Conhece-te a ti mesmo». E no seu livro *De ira*, Sêneca escreve que examinava diariamente a sua conduta. Os psicólogos modernos não deixam de enfatizar a importância do conhecimento de si. E é também unânime a esse respeito o testemunho dos santos. Diz Santa Teresa, a doutora da Igreja que tanto falou do valor da oração: «Tenho por maior mercê do Senhor um dia de próprio e humilde conhecimento, ainda que nos tenha custado muitas aflições e trabalhos, que muitos de oração»[1].

O conhecimento próprio é meio e não fim. Não é um exercício psicológico ou narcisista. Tem em vista saber como somos para saber como devemos ser – como homens e como cris-

---

(1) Santa Teresa, *Fundações*, V, 16, em *Obras completas*, Ed. Carmelo, Aveiro, 1978, p. 1002.

tãos. Não requer conhecimentos organizados de caracterologia, mas o olhar simples do homem consciente. E exige especialmente que nos comparemos com o que Deus quer e espera de nós. Esse fio condutor porá às claras as nossas falhas e as nossas insuficiências, abrindo caminho para constantes retificações e aprimoramentos. Se todo o ser vivo está chamado a crescer, o conhecimento próprio é a peça fundamental a ser viço da lei do crescimento do homem, feito à imagem e semelhança de Deus.

O conhecimento próprio

Ora bem, como é que eu sou? Geralmente fugimos a essa pergunta, mas, se tivéssemos que responder a ela, provavelmente não seríamos capazes de dar uma resposta satisfatória. Diríamos talvez meia dúzia de coisas vagas, misturando autoelogios disfarçados com o reconhecimento de algum defeito inofensivo. Nada de sólido e realmente veraz.

Porque a verdade é que nos desconhecemos. Tanto é assim que, diante de algo objetivo, como por exemplo a gravação da nossa voz, uma caricatura que nos fazem e até uma fotografia que nos apanhou desprevenidos, surpreendemo-nos. Esse sou eu? Claro que, tratando-se de deficiências físicas, é mais fácil admiti-las. Mais difíceis de conhecer são os defeitos do caráter. «Como pude fazer isso?», dizemos depois de uma reação desproporcionada ante um fracasso ou uma oposição. E, no entanto, *esse* somos nós, por mais que nos custe aceitá-lo.

Ora, o conhecimento próprio não pode ficar na dependência dessas ocasiões-surpresa, como se se rasgasse o véu sob a tesourada de um desgosto, de um erro descomunal ou de um fracasso. Temos de ir correndo o véu serenamente, iluminando recantos da nossa maneira de ser e aprofundando no motivo real das nossas ações, de modo a chegarmos a um conhecimento próprio amadurecido. E a isso se opõem obstáculos que, uma vez identificados, não só permitem que o conhecimento próprio flua, como de per si podem ser elementos importantes na busca desse autorretrato.

Os obstáculos

Ativismo

Um desses obstáculos mais comuns é o ativismo. «O homem moderno – diz Guardini – gosta de chamar-se homem de ação, lutador, criador. Muito mais exato seria que se reconhecesse como um ser inquieto, incapaz de parar e aprofundar em si mesmo; que consome palavras e ideias, homens e coisas em número infinito e, apesar disso, continua sempre insatisfeito; que perdeu de vista a sua conexão com as coisas essenciais e que, com todo o seu saber e o seu poder, se encontra entregue ao acaso»[1].

É lógico que uma pessoa assim nunca queira deter-se a pensar em si e que experimente tédio e mesmo repugnância em considerar o rumo que levam os seus atos. Para quê, se o que importa é mexer-se, resolver, conseguir?

São Josemaria Escrivá fala em *Caminho* dessa «febre», dessa «loucura de mexer-se», que leva a preocupar-se apenas com «galopar!», «fazer!», «ir e vir». Fala dessa atitude como oposta à interiorização, que é: «Quietude. – Paz. – Vida intensa dentro de ti. Sem galopar, sem a loucura de mudar de lugar»[2].

O ativismo é um logro, porque se corre sem saber para onde se vai e sem ir a lugar nenhum. E é uma armadilha, porque abafa os nossos erros sob o brilho dos resultados imediatos, adia

---

(1) Romano Guardini, *Introdução à oração*, Ed. Aster, Lisboa, p. 21.

(2) Josemaria Escrivá, *Caminho*, 11ª ed., Quadrante, São Paulo, 2016, n. 837.

indefinidamente os diagnósticos e por fim acaba por levar ao malogro vidas que jamais aprendem a dar-se sem perder-se, porque se desconhecem a si próprias.

A LOQUACIDADE

«Visitando recentemente as jaulas dos macacos no Jardim Zoológico, fui tomado por uma estranha sensação. Os franceses a chamam de *dejà vu*. Em algum lugar, não havia muito tempo, eu participara de outra cena muito semelhante àquela.

«Onde fora? Fechei os olhos e absorvi a atmosfera que me cercava: o recinto abafado, a multidão que se acotovelava, os gritinhos agudos e incessantes dos macacos – todos tagarelando por conta própria, sem que nenhum prestasse atenção aos outros, sem que nenhum ouvisse.

«Ninguém ouvindo! Lembrei-me de repente. O coquetel da semana passada! A sala repleta. A tagarelice a toda a velocidade, a todo o volume, sem que ninguém dissesse realmente coisa alguma»[3].

---

(3) J. N. Miller, *A arte de ouvir com inteligência*, em *Empire*, junho de 1965.

A loquacidade pode fazer-nos perder, em favor dos macacos, algo especificamente humano: a capacidade de nos interiorizarmos. O loquaz esvazia-se. Aliás, a loquacidade é ela própria manifestação de vazio interior. Como diz a canção: «Há tanta gente que fala, fala, e não diz nada... ou quase nada». E isto por quê? Porque se cai na hemorragia do palavreado, e então não se tem nada ou quase nada de substancial para dizer. Talvez fizéssemos maior economia de palavras se tivéssemos presente, como dizia alguém, que às vezes é preferível ficarmos calados e deixar que os outros suspeitem que somos bobos, do que dizer qualquer coisa sem refletir e dissipar todas as dúvidas.

A pessoa loquaz caminha «eviscerada». E isso, obviamente, é outro sério obstáculo para que se possa ouvir a voz da própria consciência.

A AUTOSSUFICIÊNCIA

A autossuficiência é não reconhecer que podemos nos enganar. Quem se impermeabiliza numa atitude irredutível de autossuficiência jamais chega a conhecer-se em profundidade. O erro nunca está nele; está nos outros ou é fruto das circunstâncias. Silencia a voz da consciência, distorce os fatos, critica os outros, faz qualquer coisa menos deixar que se queime a sua imagem. «Não sou eu que tenho de mudar – diz o autossuficiente –; os outros é que têm de adaptar-se à minha maneira de ser». Ou então, quando encostado à parede das suas incoerências, proclama com a maior sem-cerimônia que tem o *direito* de ser contraditório.

Desse modo vai erguendo uma muralha em torno de si e criando mecanismos de defesa que impedem a penetração da luz da verdade. Fica estagnado na escuridão do orgulho e, na medida em que se alimenta das suas mentiras, vai-se destruindo, num processo dramático de autofagia.

A autossuficiência é uma atitude irracional, pois esquece que o homem, pela sua condição de criatura – não é Deus –, é um ser essencialmente limitado, capaz de todos os erros, e que só pode realizar-se ao ritmo dos erros corrigidos. Conta-se de um governante tão seguro de si mesmo, que teria rezado assim, em vésperas de um arriscado passo político que trazia angustiada toda a nação: «Senhor, tem confiança em mim».

Faz-nos falta uma saudável dose de insegurança a respeito de nós mesmos, uma disposição humilde que nos leve a reconhecer, com São Paulo, que *não é que sejamos capazes, por nós mesmos, de pensar coisa alguma, porque a nossa suficiência vem de Deus* (2 Cor 3, 5).

A INCAPACIDADE DE OUVIR

E difícil escutar bem. Não só por autossuficiência, mas ainda por estarmos tão metidos nas próprias coisas, que acabamos caindo no monólogo. Só nos ouvimos a nós mesmos.

Perguntaram a Demóstenes qual a razão de os homens terem dois ouvidos e só uma língua, ao que o famoso orador grego respondeu:

– Porque devemos escutar mais do que falar.

Talvez tenha sido esse o motivo pelo qual Deus nos fez assim. Não obstante, o homem, com frequência, viola a ordem natural das coisas.

Tanto é assim que Oscar Wilde fez certa ocasião a experiência. Ao chegar atrasado a uma reunião social, desculpou-se com a anfitriã nestes termos:

– Queira perdoar o meu atraso, mas acontece que acabei de matar a minha sogra e tive de enterrá-la.

Ao que a dona da casa respondeu:

– Oh, não se preocupe. O importante é que o senhor tenha vindo.

Dentro desta incapacidade geral para escutar, devemos ressaltar, como ainda mais pronunciada e grave, a incapacidade para escutar aquelas coisas que deveriam servir-nos para o conhecimento próprio: as críticas bem-intencionadas, e sobretudo os conselhos dos que nos querem bem.

Ficamos presos ao nosso mundo interior, melhor, a um falso mundo interior. Há os que pensam, mas pensam errado, não por não se analisarem, mas porque caem no excesso de imaginação, na autocontemplação ou na autocompaixão. São os homens dos sonhos ou dos ressentimentos, que parecem estar sempre chegando da lua ou vivem falando das injustiças que os outros lhes fazem.

Esses homens falsa e obsessivamente interiorizados não chegam sequer a ouvir o que os outros lhes têm a dizer. Ou, se o fazem, escutam tudo acomodados às suas categorias subjetivas e rarefeitas.

Este egocentrismo limita o conhecimento próprio. Pessoas ensimesmadas perdem o valioso contributo que lhes podia vir de fora, e isolam-se por detrás de uma imagem ideal de si próprias que as protege ao mesmo tempo que as esteriliza.

O defeito dominante

O ser humano é complexo e as suas falhas de comportamento são, por consequência, complexas e diversas. Para não perder-se, é necessário que oriente o conhecimento próprio de modo a achar a falha estrutural da sua maneira de ser.

Porque, se é verdade que todos nós temos vários defeitos, também é verdade que, ao menos em cada fase da nossa vida, há sempre um que predomina. Esse defeito é como que o nosso calcanhar de Aquiles, aquele ponto fraco que causa e explica, ao fim e ao cabo, todo o leque das nossas deficiências.

Os teólogos falam de sete defeitos principais, a que dão o nome de «pecados capitais»: a soberba, a ira, a inveja, a luxúria, a gula, a avareza, a preguiça. Chamam-se capitais porque são a raiz e a fonte de todas as falhas de comportamento: são o que as causa e as faz proliferar em mil erros aparentemente sem relação entre si. Pôr a descoberto o defeito dominante é encontrar a chave para decifrar a causa das incoerências do nosso comportamento e superar de um só golpe muitas situações de mal-estar íntimo ou de estagnação.

Efeito multiplicador

Um primeiro critério de avaliação para identificarmos o defeito dominante é justamente procurarmos saber se há uma causa única ou preponderante para os nossos erros práticos.

Suponhamos que uma pessoa note que é habitualmente inconstante, que com frequência fala demais, que é excessivamente condescendente no trato com os filhos; que os colegas o acham cumpridor, mas um perfeito burocrata; que os vizinhos o louvam e de passagem se aproveitam do seu espírito pacífico; que se desgosta com facilidade e é um triste. Que têm a ver entre si essas atitudes tão diferentes umas das outras? Se aprofundar no conhecimento próprio, talvez essa pessoa chegue à conclusão de que é simplesmente um enorme preguiçoso.

O mesmo se poderia dizer de qualquer dos outros erros de base que pode haver na natureza humana. Diz São Tomás que um vício tão bem disfarçado como a avareza leva nada menos do que à inquietação permanente, à dureza, à injustiça, à traição, à fraude e à violência.

Ora, tudo isto indica que, enquanto o defeito de fundo não for desmascarado e combatido, continuarão a manifestar-se em nós outros defeitos mais ou menos exuberantes ou até humilhantes, porque essa raiz amarga irromperá violentamente ou nos acompanhará como uma sombra. Esta onipresença de efeitos é o que nos permite identificar o defeito dominante.

Aparência de virtude

Outra característica do defeito dominante é que, além de estar escondido, muitas vezes se mascara sob a aparência de virtude.

Assim acontece, por exemplo, quando alguém, sob o argumento de que não é ambicioso, acomoda-se no cumprimento do seu dever profissional, ou por falsa humildade abre mão, na família ou no trabalho, de direitos que são deveres, ou por mal entendida compreensão para com as ideias dos outros transige nos princípios básicos da conduta pessoal.

Os exemplos são inúmeros. Não é que o pai de família seja um liberal; é um fraco, o que é muito diferente. Não é que aquele seja um homem empreendedor, consciente do valor social das riquezas; é um avarento. Este não é bondoso, é apenas bonzinho, um sentimentaloide desfibrado. Aquele não é um homem sereno e isento, mas um apático; e aquele outro não é um homem superior, um homem de critério, mas um linguarudo e um invejoso. E este aqui, será um intuitivo ou um preguiçoso? Etc.

Por isso, é muito importante examinar a contraluz o motivo real das nossas ações e comportamentos, de modo a apurar se aquilo que em nós parece definir a nossa maneira de ser, na verdade não passa do nosso temperamento em estado bruto. Enquanto não o polirmos, é justamente onde vemos a nossa principal virtude que pode estar embutido o nosso principal defeito.

Justificativas e críticas

A autodefesa e o seu reverso – a crítica aos outros – são mais um elemento válido para descobrirmos o nosso defeito dominante. O que é que mais nos obriga a justificar-nos, aos nossos próprios olhos e perante os outros? E paralelamente, o que é que nos irrita nos outros?

Podemos achar que temos motivos de sobra para ser agressivos, rudes e desconfiados. Justificamos essa nossa maneira de ser falando, por exemplo, da deslealdade que impera no mundo dos negócios: que não podemos ser ingênuos, que o mundo está cheio de trapaceiros.

Pode ser que nos tenha proporcionado sucessos, por exemplo no campo profissional; mas quantas pessoas há, bem sucedidas profissionalmente, que, por não olharem os meios para atingirem os seus fins, são duras e desumanas, mais suportadas do que respeitadas ou amadas! E esses homens vivem tendo que justificar-se pelos sentimentos de rivalidade, pelos atritos e ressentimentos que semeiam à sua volta. O tufão supera os obstáculos, mas arrasa tudo por onde passa.

Por outro lado, aquele que agride habitualmente tende a considerar-se agredido. Tudo o desgosta nos outros. Vê os outros à sua semelhança. Disse Cristo: *Por que vês a palha no olho do teu irmão e não vês a trave que tens no teu?* (Mt 7, 3). Quantas vezes, se tirássemos a cortina de sujeira que obnubila a nossa visão, simplesmente desapareceria qualquer cisco no comportamento dos outros.

Esta linha contínua e desgastante de autodefesas e críticas pode estar apontando precisamente um defeito de raiz que, ao contrário, exigiria de nós uma autoacusação lúcida e fecunda.

Críticas certeiras

Há aspectos do nosso comportamento que nos escapam porque temos dificuldade em ver-nos a nós próprios. O olho que enxerga a quilômetros de distância não enxerga o outro olho que tem ao lado. Os outros nos veem melhor, sobretudo as pessoas que convivem conosco. Detectam coisas que nos passam por alto por subjetivismo ou imediatismo.

É preciso pensar, por exemplo, por que razão coisas bem intencionadas e objetivamente boas que fazemos, às vezes produzem efeitos contrários aos que esperávamos. Matamo-nos de trabalhar pela família, chegamos a casa tarde e cansados, e a família não só não nos agradece, mas nos critica. Somos pessoas extremamente ordenadas, mas os amigos e os familiares nos dizem que somos egoístas e indisponíveis. Ou não temos o sentido da verdadeira hierarquia e proporção no cumprimento de todo o arco-íris dos nossos deveres.

É o caso da mãe de família com filhos pequenos, a quem a limpeza e a ordem da casa absorvem totalmente, porque da manhã até à noite vive repondo no seu lugar e limpando as coisas que os filhos sujam ou desarrumam. Está fazendo uma coisa boa e, no entanto, o marido ou as amigas lhe dizem que é perfeccionista, que o que faz é prejudicar a atenção e o carinho de que os filhos necessitam.

É preciso abrir-se a essas críticas, descer do pedestal em que às vezes nos colocamos e pensar que, quando mais parece que temos razão, mais devemos desconfiar de que podemos não ter nenhuma. Essas críticas, por muito que nos humilhem ou transtornem, devem representar, num segundo momento, um convite à reflexão, pois serão uma pista valiosa para descobrirmos o que há de errado ou incompleto na nossa maneira de ser.

O conhecimento de Deus

Ideias a que agarrar-se

Numa fazenda do litoral, o filho do proprietário, estudante recém-ingressado na Universidade, sai de lancha com o caiçara, administrador da fazenda, para uma pescaria. Logo o calouro começa a interpelar o caiçara:

– Sr. Jairo, o senhor sabe quem descobriu o Brasil? Não sabe? Pois então o senhor perdeu uma parte importante da sua vida. E o senhor sabe quem inventou a máquina a vapor? Não sabe? Pois então o senhor perdeu uma parte importante da sua vida.

E assim foi fazendo muitas outras perguntas e acrescentando: «pois então o senhor perdeu uma parte importante da sua vida». A certa altura, o caiçara já estava era começando a perder a paciência. Dava-lhe vontade de dizer ao seu acompanhante que se calasse, pois tinha vindo para pescar e não para ser submetido a um exame, e o resultado é que não tinham conseguido pescar nada. Não tinham pescado nada e não iam mesmo consegui-lo, porque de repente o tempo mudou, o mar ficou agitado e desabou uma grande tempestade que ameaçava virar a lancha.

Foi a vez de o caiçara perguntar:

— Doutor, o senhor sabe nadar? Não sabe? Pois então o senhor vai perder *toda* a sua vida.

O conhecimento que temos do mundo exterior pode não ser ponto de apoio seguro ao qual agarrar-nos nos embates da vida, se lhe faltar um ponto de referência que lhe dê veracidade e profundidade. Diz Gustavo Corção:

> De que me vale o milhar de relações do mundo exterior, se não consigo apreender a substancial realidade que me diz respeito? Que me adianta medir a distância do sol [...], se desconheço a largura, a altura, a profundidade do meu próprio ser? De que me serve ganhar o universo, se ando perdido da mi-

nha alma? [...] Eu mesmo, para mim mesmo, sou uma gaveta fechada uma rocha compacta, um abismo[1].

Ora, esse «andar perdido da própria alma» pode acontecer não só quando fazemos finca-pé em conhecimentos do mundo exterior, empilhados sem nenhum fio condutor, mas também quando nos debruçamos sobre o nosso íntimo, mas sem um referencial que nos permita pôr ordem e objetividade no turbilhão dos nossos sentimentos, reações primárias e fraquezas de caráter. E esse referencial é claramente Deus.

Abrir essa «gaveta fechada» que somos para nós mesmos é descobrir que fomos criados à imagem e semelhança de Deus e que é conhecendo-O que conhecemos a nossa verdadeira identidade. Diz Thomas Merton:

> Cada um de nós está dissimulado por uma personalidade ilusória: um falso eu... O segredo da minha identidade está oculto no amor e na misericórdia de Deus... A única maneira como posso ser eu próprio é iden-

---

(1) Gustavo Corção, *Lições de abismo*, 11ª ed., Agir, Rio de Janeiro, 1959, p. 245.

tificar-me com Ele, em quem estão ocultas a razão e a completa realização da minha existência. Há apenas, por conseguinte, um único problema de que dependem inteiramente a minha existência, a minha paz e a minha felicidade: descobrir-me a mim mesmo descobrindo a Deus[2].

Por outras palavras, como diz D. von Hildebrand, «o único conhecimento próprio verdadeiro e fecundo é o que nasce do confronto de nós mesmos com Deus»[3].

Mas não basta ter uma ideia vaga de Deus, a quem nos submetemos em tese como primeiro princípio. Ele é o princípio e é o fim do nosso ser. Nós, por termos sido criados por Deus, temos com Ele não só uma relação de origem, mas também de finalização: fomos criados por Deus e para Deus. Dependemos de Deus totalmente: não apenas no ser (como origem e causa), mas também no ser-para (finalidade). E sendo assim, como é que podemos ter um

---

(2) Thomas Merton, *Sementes de contemplação*, Tavares Martins, Porto, 1955, p. 32.

(3) Dietrich von Hildebrand, *A nossa transformação em Cristo*, Aster, Lisboa, 1960, p. 38.

conhecimento próprio seguro e progressivo, se não o confrontamos permanentemente com um ideal de vida em que Deus seja o metro com que nos medimos?

Esse procurar a Deus é, na expressão de vários psicólogos, a primeira força orientadora do conhecimento próprio, a que chegam a dar o nome de «instinto de perfeição». E jamais é alienação porque, em frase de Santo Agostinho, «Deus nos é mais íntimo do que nós a nós mesmos». Não é abdicarmos de colocar dentro de nós o centro das decisões, porque Deus está no centro da nossa alma.

O modelo de vida: Cristo

«Noverim te, noverim me»: conhecer a Deus para conhecer-me a mim mesmo, diz também Santo Agostinho. Mas Deus se revelou plenamente até o fim dos tempos em Cristo.

Ao tomar carne, Cristo não vinha apenas levar a cabo a obra da Redenção morrendo na Cruz, mas apresentar-se como o modelo de vida que podíamos e devíamos reproduzir para chegarmos *ao pleno conhecimento da vontade de Deus com toda a sabedoria e inteligência espi-*

ritual [...], crescendo no conhecimento de Deus (Cl 1, 9-10). Para empregar uma imagem, podemos dizer que Cristo não apenas nos abriu as portas da prisão em que estávamos encerrados, mas se ofereceu para acompanhar-nos ao longo da vida nova que começava a partir daí.

Por isso, o caminho para nos conhecermos é conhecer Jesus Cristo e deixarmo-nos orientar por Ele. Ele próprio nos disse: *Eu sou o caminho, a verdade e a vida* (Jo 14, 6). Não é um dentre vários caminhos. É o único caminho para alcançarmos a Verdade que é Deus e, em consequência, a verdade sobre nós mesmos: porque nEle *estão escondidos todos os tesouros da sabedoria e da ciência* (Cl 2, 23). Jesus Cristo é a imagem visível do Deus invisível.

A lei de Deus, pela qual o homem tem de orientar os seus atos, não só encontra a sua plenitude na lei de Cristo – *Eu não vim abolir a lei, mas levá-la à perfeição* (Mt 5, 17) –, como se oferece agora como norma prática e vivencial em Cristo, na sua doutrina e na sua vida. Com a sua atuação, Cristo deu-nos os modos concretos de ser e de agir. Disse que o devíamos imitar – *Aprendei de mim* – e, em situações concretas, como quando lavou os pés dos apóstolos, Ele próprio deu exemplo primeiro e só depois disse:

Dei-vos o exemplo para que, assim como eu fiz, vós façais também (Jo 13, 15).

Conhecer-se é agora conhecer-se à luz do conhecimento de Cristo. Ver se os meus passos estão certos ou errados é ver se ponho ou não os meus pés onde Cristo pôs os seus. Perceber os meus modos errados de ser é perceber que há aspectos do meu caráter que não se ajustam ao modo de ser de Cristo. Tudo se simplifica agora por entre o emaranhado das minhas sensações e o labirinto das minhas confusões interiores. Não se trata de mergulhar em psicologismos baratos ou caros, nem de consumir-se em dúvidas existenciais, mas de ir em linha reta a um confronto franco com o exemplo de Cristo e com os seus ensinamentos.

Conhecimento prático

Quando um doutor da lei perguntou a Jesus: *Mestre, que devo fazer para alcançar a vida eterna?*, Jesus disse-lhe: *Que está escrito na lei? Como é que lês?* (Lc 10, 25-26).

Para chegarmos a um conhecimento prático de Deus e da sua lei, necessitamos recorrer a meios que nos permitam ler, escutar e meditar a doutrina e a vida de Cristo. Não como quem faz um curso, mas como quem procura a medida objetiva do conhecimento próprio e, a partir daí, o rumo certo dos seus passos futuros.

Os meios para isso são diversos, mas vale a pena determo-nos brevemente em duas práticas da vida cristã que podem ser vividas pessoalmente todos os dias: a leitura do Evangelho e a oração mental.

A LEITURA DO EVANGELHO

O Evangelho era, por assim dizer, o único catecismo dos primeiros cristãos: foi nele que os primeiros confessores da fé e mártires aprenderam a fazer de suas vidas uma imitação de Cristo e a sacrificá-la em testemunho heroico da sua fé; foi nele que beberam as normas de comportamento, as virtudes pessoais e da convivência de que empaparam, transformando-a por dentro, toda a vastidão do Império romano.

É preciso ler os Evangelhos – bastam uns poucos minutos diários, em leitura sequenciada – não como quem lê um documento histórico, mas como quem se abeira de um ser vivo, porque *Cristo é ontem, e hoje e por todos os séculos.* O Evangelho é um documento que *respira;* é preciso lê-lo como uma carta de alguém que está vivo e nos ama e que, por isso, aguarda um interlocutor que ame: ler nas entrelinhas e nas margens, o todo em função das partes e cada parte em função do todo, tornar-se sensível ao contexto e às expressões obscuras, às insinuações e ao sentido oculto; perceber o colorido das palavras, o aroma das expressões e o peso das frases.

Um leitor assíduo do Evangelho descobre que a vida de Cristo vai acompanhando passo a passo a sua própria vida. Como ele, Cristo trabalhou, sofreu, amou e alegrou-se, conheceu a pobreza, a amizade e a traição, a fidelidade e o ódio de morte. Não há situação humana alguma que Cristo não tenha experimentado à exceção do pecado, e por elas passou vivendo-as em plenitude divina. Era Deus perfeito e homem perfeito, e veio para que o imitássemos.

Desenha-se então todo um panorama de imitação de Cristo à luz do qual o cristão distingue finalmente o que deve corrigir ou melhorar para chegar a ser «outro Cristo».

A ORAÇÃO MENTAL

A oração mental, que é buscar a Deus no nosso íntimo para estar e falar com Ele sem ruído de palavras, permite escutá-lo e interiorizar-nos.

Jesus deu-nos exemplo de oração: passava longas horas, às vezes noites inteiras, falando com seu Pai. Ele que, fizesse o que fizesse, estava sempre vendo o Pai, experimentava a «necessidade» de fazê-lo no meio da sua vida de serviço aos homens.

E disse-nos como devíamos orar: *Tu, quando orares, entra no teu quarto e, fechada a porta, ora em segredo a teu Pai, pois Ele, que vê o que se passa em segredo, te recompensará* (Mt 6, 6).

Orar é falar com Deus, como se fala com o irmão, com o amigo: espontaneamente, sem ter escrúpulos com a gramática nem compor raciocínios complicados. E falar com Cristo dEle e da nossa vida diária, com a confiança que tiveram os Apóstolos:

> Escreveste-me: "Orar é falar com Deus. Mas de quê?" – De quê? DEle e de ti: alegrias, tristezas, êxitos e malogros, ambições

nobres, preocupações diárias... fraquezas; e ações de graças e pedidos; e Amor e desagravo. – Em duas palavras: conhecê-Lo e conhecer-te – ganhar intimidade[4].

Na oração, o rosto de Cristo se nos torna familiar, os sentimentos que animam o seu coração vão aflorando um a um, e passamos a conhecer os seus valores, as suas preferências e o seu estilo, e a dizer a Cristo: – Senhor, como é que Tu és? Como é o teu sorriso? Como é a tua conversa? Como são as tuas lágrimas? E com as respostas de Cristo, sob a forma de luzes novas, afetos e inspirações interiores, somos interrogados sobre o nosso próprio estilo de ser e de viver.

Um homem que encontre diariamente alguns minutos para este modo de orar vai adentrando no seu próprio mundo interior e, ao ritmo do diálogo vivo com Cristo, começa a achar a verdadeira perspectiva para avaliar as suas atitudes e disposições.

---

(4) Josemaria Escrivá, *Caminho*, n. 91.

Exame de consciência

A consciência

E chegamos assim ao ponto de confluência dos dois conhecimentos atrás esboçados: o exame de consciência. Vejamos por quê.

Consciência, considerada genericamente, é o conhecimento dos nossos atos. Mas do que se trata agora é da consciência moral, que é esse mesmo conhecimento enquanto nos mostra a bondade ou maldade das nossas ações. Envolve, portanto, um juízo prático sobre a moralidade da nossa conduta, que há de acompanhar os nossos atos concretos: é um *com*-saber, uma *com*-ciência.

Assim como até agora falamos de um conhecimento próprio a que não devemos esquivar-nos, e de um conhecimento prático de Deus e da sua lei, e de Jesus Cristo, imagem perfeita de Deus e realização plena dessa lei, assim agora veremos que o exame de consciência não é uma simples análise das nossas atitudes, uma mera introspecção, mas um conhecer-nos à luz desse conhecimento de Deus. Ambos os conhecimentos têm que interpenetrar-se, de maneira a levarem a um confronto do nosso comportamento com Deus e a sua lei, com Jesus Cristo.

Diz Pio XII que a consciência:

> É como o núcleo mais íntimo e secreto do homem. Nela que ele se refugia com as suas faculdades em solidão absoluta: a sós consigo mesmo, ou melhor, a sós consigo mesmo e com Deus, cuja voz escuta na consciência.
>
> Nela o homem se decide pelo bem e pelo mal; nela escolhe o caminho da vitória ou da derrota. Ainda que alguma vez o quisesse, não conseguiria desprender-se dela; com a consciência, quer aprove ou desaprove, percorrerá todo o caminho da vida; e com ela também, como testemunha verdadeira e incorruptível, se apresentará ante o Senhor[1].

---

(1) Pio XII, *Alloc.* 23-III-1952.

Portanto, o exame de consciência nos leva a conhecer o mais íntimo do nosso ser, lá onde Deus faz ouvir a sua voz, lá donde partem os julgamentos mais transcendentes sobre como devemos agir, lá onde está – deve estar – o centro das nossas decisões e onde nos decidimos, fazendo uso da nossa liberdade, pelo bem ou pelo mal, por Deus ou pelo egoísmo.

Diversos textos do magistério da Igreja esclarecem que:

> É por meio da consciência (consciência moral) que o homem conhece a lei divina nos seus princípios e também nas suas aplicações práticas; descobre a obrigatoriedade de observar os mandamentos dessa lei, uma vez que só assim poderá alcançar o seu fim que é Deus; e, ao mesmo tempo, tendo em conta as circunstâncias particulares, percebe o grau de concordância das próprias ações e intenções com os ditados da norma moral objetiva[2].

---

(2) Cf. Pio XII, *Alloc.* 18-IV-1952; João XXIII, Encíclica *Pacem in terris*, 11-IV-1963; Conc. Vaticano II, Const. Past. *Gaudium et spes*, n. 16; id., Decl. *Dignitatis humanae*, n. 3; Pio XII, *Alloc.* 17-IV-1952; *Instrução* do Santo Ofício, 2-XI-1956.

Assim considerado, já se vê que o exame de consciência não pode ser algo eventual – para os momentos de crise ou de decisões incomuns –, mas habitual. Como não pode ser um conhecimento frio, como se estivéssemos procedendo a uma análise química ou examinando uma mandíbula num museu; nem uma mera observação ou constatação de falhas, como se estivéssemos fazendo uma simples verificação de erros num programa de computação; nem finalmente um conhecimento teórico, que não nos compromete.

Um conhecimento que ficasse nessas características não nos abriria as portas do conhecimento verdadeiro de nós mesmos, que deve estar dominado por um propósito vital: partindo da realidade daquilo que somos e fazemos, auscultar a realidade de Deus, da sua vontade e dos seus dons, com o fim de chegarmos a ser aquilo que Deus projetou para cada um de nós e que é o segredo da realização do nosso ser.

Sob o olhar de Deus

O exame de consciência deve ser feito sob o olhar de Deus. A única maneira de nos vermos com realismo e objetividade e, ao mesmo tempo, com esperança.

Porque o olhar de Deus é um olhar abissal, ao qual nada é opaco, que penetra até o fundo da alma, que nos enche com a sua luz e põe tudo às claras, até os pensamentos e intenções mais recônditos:

Tu me perscrutas e me conheces. Sabes tudo de mim, quando me sento ou me levanto. De longe penetras os meus pensamentos. Quando ando e quando repouso, Tu me vês, observas todos os meus passos [...]. Para onde irei, longe do teu Espírito? Para onde fugirei, apartado do teu olhar? Se subir até os céus, ali estás; se descer à região dos mortos, lá te encontras também. Se tomar as asas da aurora, se me fixar nos confins do mar, é ainda a tua mão que lá me levaria, a tua destra que me sustentaria. Se eu dissesse: «Pelo menos as trevas me ocultarão, e a noite, como se fora luz, me há de envolver», as próprias trevas não são escuras para Ti, a noite te é transparente como o dia, e a escuridão, clara como a luz (Sl 138, 1-3; 7-12).

As pessoas, quando olham, ficam na superfície: *O homem vê o rosto, a aparência, mas Deus vê o coração* (1 Sm 16, 7). Nada escapa ao seu olhar e de nada adianta desculpar-se. Deus vê.

Mas, além disso, nós mesmos necessitamos ser vistos por Deus, isto é, necessitamos ver-nos com os olhos de Deus. Porque o olhar de Deus traz à superfície da consciência não só os frutos, mas a raiz – a maldade ou a simples fraqueza ou ignorância, as intenções torcidas ou a boa vontade, ainda que insuficiente, as justificativas ou os erros de boa fé. Distingue o trigo do joio.

Necessitamos ainda ver-nos sob o olhar de Deus porque é um olhar misericordioso, que não inquieta mas enche de paz. Um olhar de juiz, mas de um juiz que é pai, em quem se fundem justiça infinita e amor insondável. Por isso induz à retificação e não à autodefesa mentirosa.

Por isso é também um olhar que nos enche de confiança e, em consequência, de desejos de abrir-nos, em vez de nos fecharmos, e de entregarmos a Deus o conhecimento último de nós mesmos. Foi sob o efeito desse olhar que Pedro pôde dizer junto do lago de Tiberíades: *Senhor, tu sabes tudo, tu sabes que eu te amo* (Jo *21*, 17). Poucos dias antes, tinha negado conhecer a Cristo; agora remete-se ao olhar de Cristo porque sabe que esse olhar divino distingue nele o amor – um amor que fraquejou momentaneamente – da traição a sangue frio.

A visão humana

A visão humana impede de nos vermos como Deus nos vê porque, para examinar a própria consciência, conta apenas com a luz da razão. Ora, a razão abandonada a si própria pode chegar a grandes desvios.

Na visão humana falta, como diz *Caminho*, a terceira dimensão: a altura. «As pessoas, geralmente, têm uma visão plana, pegada à terra, de duas dimensões. – Quando a tua vida for sobrenatural, obterás de Deus a terceira dimensão: a altura. E, com ela, o relevo, o peso e o volume»[3].

A visão de fé – que tem de ser necessariamente uma visão humilde – permite que nos vejamos com uma perspectiva que supera totalmente a visão puramente humana. Já não nos escapam os diversos aspectos da realidade que nos cerca, já não a manipulamos para pôr a salvo o nosso

---

(3) Josemaria Escrivá, *Caminho*, n. 279.

orgulho, e deixamos de conhecer-nos unicamente à luz dos nossos interesses, para nos vermos como portadores de uma responsabilidade que nos ultrapassa: a de filhos de Deus.

A visão de fé alarga os nossos horizontes e, nessa medida, completa o conhecimento próprio. Diz São Paulo que *o homem animal não entende as coisas do Espírito de Deus* (1 Cor 2, 14). O homem dominado por uma visão humana de si mesmo cai na miopia e, a longo prazo, na cegueira.

O subjetivismo

O subjetivismo aparece como outro perigo bem real.

Na visão humana falta, como acabamos de ver, a terceira dimensão que nos é dada pela fé. No subjetivismo nega-se que haja valores independentes do sujeito que conhece. Concretamente, no caso do exame de consciência, nega-se a realidade da lei de Deus como regra suprema pela qual medir o valor moral dos atos humanos e, consequentemente, afirma-se a supremacia absoluta da própria consciência como norma de conduta.

Ora, a consciência não cria a lei moral, não é ela que decide o que está certo e o que está errado; ela apenas julga se um ato concreto está ou não de acordo com a lei de Deus, de modo semelhante ao de um juiz, que aplica a lei, mas não a inventa.

Não é verdade, portanto, que a consciência seja autônoma e não dependa de nada nem de ninguém. Quando alguém diz: «Eu faço apenas o que me diz a minha consciência», ou «eu não tenho outra lei senão a minha consciência», e não se preocupa em formá-la refletindo na lei de Deus, sendo homem de oração e pedindo conselho sempre que preciso, o que faz é cair no arbítrio. A consciência abandonada a si mesma é um fermento de anarquia, e pode ser facilmente subornada pelo egoísmo, turbada pelo sentimentalismo ou corrompida pelas ideias em voga no ambiente.

Não há dúvida de que ninguém pode agir contra o que lhe diz a consciência. Não se pode fazer uma coisa pensando que é um mal. Mas isto só aumenta a responsabilidade de formar uma consciência reta, de acordo com a lei de Deus, e não apenas por palpite, ou pelo que é «normal» e «todo o mundo pensa», ou pelas opiniões dos que escrevem nos jornais com tanto maior atrevimento quanto menos sabem do que estão falando.

A «nossa» regra do bem não pode divergir da regra objetiva do bem. «O que é a consciência?», escrevia Mons. d'Hulst. «É a regra do bem em nós. O que é Cristo? É a regra do bem fora de nós. E estas duas regras não constituem senão uma só»[4].

Otimismo superficial e resignação pessimista

No esforço por examinarmos a nossa consciência, devemos procurar ainda vencer a superficialidade de quem vê «tudo azul».

Por frivolidade e presunção, a pessoa não aprofunda no exame do seu modo de ser e do seu comportamento e não vai às causas. Por não querer complicações, silencia os ditames da consciência e prefere achar que com ele está «tudo bem» ou que «o melhor é deixar como está», o que o leva a abafar a consciência e a emudecê-la.

---

(4) Cit. por Georges Chevrot, *O Sermão da Montanha*, Quadrante, São Paulo, p. 157.

Quem por frivolidade não repele esse otimismo água com açúcar e se «conforma com uma visão ingênua, superficial, que nos dê a ideia de que nos espera um caminho fácil»[5], fecha os olhos à realidade e, se não os abre, acaba caindo mais cedo ou mais tarde num pessimismo desalentador.

O pessimismo, que só vê o lado negativo das coisas e de nós mesmos, coloca também a pessoa num beco sem saída, leva-a a fechar-se em si mesma, nos seus pensamentos e sentimentos sombrios, e corta-lhe a luz de Deus para conhecer-se.

O pessimista acha que nada tem remédio. Retratam-no bem estes versos de Manuel Bandeira:

Febre, hemoptise, dispneia e suores noturnos. A vida inteira que podia ter sido e que não foi. Tosse, tosse, tosse.

Mandou chamar o médico:
– Diga trinta e três.
– Trinta e três... trinta e três... trinta e três...

---

(5) Josemaria Escrivá, *Amigos de Deus*, 4ª ed., Quadrante, São Paulo, 2018, n. 71.

– Respire.
– O senhor tem uma escavação no pulmão esquerdo e o pulmão direito infiltrado.
– Então, doutor, não é possível tentar o pneumotórax?
– Não. A única coisa a fazer é tocar um tango argentino[6].

Podemos deixar-nos embalar por sentimentos parecidos e até ter um certo gosto neles: para que os outros se compadeçam de nós ou para nos autocompadecermos, deixando-nos assim levar pelo «vitimismo». Estes sentimentos de autocomiseração não são humildade nem realismo, mas desistência e acomodação. O conhecimento próprio exige sempre uma grande dose de coragem para pôr o dedo na chaga, chamar as coisas pelo seu nome e reagir com um esforço que pode e deve chegar a ser heroico.

Habituação

Ao exame de consciência pode também opor-se um processo de deformação da consciência,

---

(6) Manuel Bandeira, *Pneumotórax*, em *Os melhores poemas de Manuel Bandeira*, Global, São Paulo, 1984, pág. 73.

a habituação, que Fulton Sheen descreve muito bem, utilizando como exemplo o furto e apontando três fases sucessivas: obnubilação, entorpecimento e assassínio da consciência.

No despertar da primeira tentação, a voz interior da consciência recorda-nos o sétimo mandamento: «Não furtarás». «Esta caneta não tem grande valor» – responde o ego –. «O prejuízo para o dono seria insignificante: ainda lhe ficaria, pelo menos, uma dúzia delas. Para mim, esta me basta». É a fase da obnubilação da consciência. Não tardará a do entorpecimento.

«Não deves fazer isso» – continua a voz da consciência –. «A ti mesmo afirmas que não reincidirás. A verdade, porém, é que o furto depressa se transformará em hábito, por poucas vezes que se repita». – «Mas eu sou assim mesmo» – replica o ego –. «Que posso eu contra mim?». E começa uma longa justificação da própria conduta apelando para a ausência de liberdade que se supõe ser consequência de alguma tara hereditária ou de um complexo de inferioridade ou qualquer outra coisa desse estilo.

Este primeiro furto assim justificado é seguido de um outro. E assim chegamos à última fase: o assassínio da consciência. A voz da consciência deixou de falar claro e forte. «E, no entanto, furtar é condenável», diz a consciência timidamente. O ego, cada vez de maneira mais insolente: «A quem incumbe dizer se é ou não condenável, a não ser a mim próprio? [...] Por que hei de tolerar que me venham dizer que isto é ou não condenável? [...] Segundo me informam, em certas tribos primitivas, o roubo não é condenável. Mas, enfim, como quer que seja, importa viver a vida. Roubar só é condenável para aquele que se deixa apanhar»[7].

Esta é a descrição de um obstáculo que, logicamente, não se dá só com o furto, mas com qualquer outro defeito ou falha do nosso modo de ser. «Eu me conheço», dizemos. Mas não é que nos conheçamos; estamos habituados a nós mesmos, o que é diferente.

---

(7) Fulton J. Sheen, *Elevai os vossos corações*, 2ª ed., Educação Nacional, Porto, 1956, pp. 25-26.

«Levantai os olhos»

Não dizeis vós que dentro de quatro meses chegará o tempo da ceifa? Pois bem, Eu vos digo: levantai os olhos e vede: os campos já branqueiam para a ceifa (Jo 4, 35).

O otimismo destas palavras que Jesus dirigiu aos seus discípulos depois do diálogo com a Samaritana, é plenamente justificado pelos fatos. O que deveria demorar, não quatro meses mas talvez anos, realizou-se depois de uma breve conversa que levou, não só à conversão daquela mulher pecadora, mas também de uma multidão de conterrâneos que ela conduziu até Jesus. E tudo como fruto de um diálogo com Cristo que, começando por pedir-lhe água, a levou aos poucos a cair em si: *Vinde ver o homem que me disse tudo quanto fiz* (Jo 4, 29).

Esse foi o milagre. Esse é o milagre que Cristo opera quando examinamos a nossa consciência sob o olhar de Deus. Deus nos faz ver tudo: o presente e o passado, o presente à luz do passado e também aberto ao futuro. Mas é preciso levantar o olhar para Ele e pedir-lhe que nos empreste os seus olhos, para que possamos ver-nos com essa visão que nos transforma porque mergulha verazmente no passado para abrir o presente à esperança da ceifa futura.

Sob o olhar de Deus e em diálogo com Deus foi que a Samaritana examinou a sua consciência. Assim deve ser o nosso exame: mais do que uma introspecção sombria e um monólogo desalentado, um diálogo franco em que deixamos que Deus nos puxe da língua e nos mostre tudo o que temos feito. E assim, levantando os olhos, possamos ver-nos com confiança em Deus e otimismo cristão. Antes de nos examinarmos, deveríamos invocar brevemente o Espírito Santo – «luz do coração» – e repetir as palavras do cego Bartimeu (Mc 10, 51-52):

– *Que queres que te faça?* – perguntou-lhe Jesus.

– *Senhor, que eu veja!*

O que examinar e como

Os mandamentos

Quando compramos um eletrodoméstico, se queremos utilizá-lo adequadamente, de modo que funcione bem e dure o máximo possível, procuramos seguir o folheto de instruções que o acompanha. E se alguma coisa não funciona, consultamos esse folheto para verificar onde está o defeito. Fazemos assim porque estamos certos de que o fabricante conhece bem o seu produto e, se o fez acompanhar de um folheto de instruções, não foi por capricho ou arbitrariedade, mas para que soubéssemos utilizá-lo.

Ora bem, como diz Leo Trese, «a lei de Deus é como um folheto de instruções que acompanha o nobre produto que é o homem [...]. A lei de Deus regula o *uso* que o homem há de fazer de si mesmo, tanto nas suas relações com Deus como com o próximo»[8]. Os mandamentos da lei de Deus não são, pois, empecilho à nossa realização, mas pelo contrário são as grandes vias que nos levam ao conhecimento prático do querer de Deus a nosso respeito, para que – por assim dizer – «funcionemos» bem.

Se nos queremos conhecer de verdade, o nosso exame de consciência deve começar necessariamente por aqui. Esquecê-lo seria como começar a construção pelo telhado.

Os deveres

Mas como construir, se os mandamentos são apenas um conjunto de proibições?

Sabemos como isso é falso porque, ao resumir em que consistem, o próprio Cristo condensou os mandamentos em dois, e ambos radicalmente positivos: «Amarás o Senhor teu Deus sobre todas as coisas e ao próximo como a ti

---

(8) Leo Trese, *A fé explicada*, 14ª ed., Quadrante, São Paulo, 2014, p. 148.

mesmo». Trata-se de amar, e não há coisa mais construtiva do que essa.

Isto quer dizer que, no exame dos mandamentos, devemos ver não só se não incorremos nas «proibições» – não matar, não furtar, não cobiçar a mulher alheia, etc. –, mas se fundamos nessas indicações todo um conjunto de atitudes positivas, a que chamaremos *deveres*.

O dever, dizia alguém, é aquela coisa aborrecida que temos de fazer aqui e agora, e que não queremos fazer. Mas o dever é o que nos realiza. A categoria de um homem mede-se pela categoria dos seus compromissos. Quanto mais sérios e nobres e generosos eles forem, mais nos realizam.

Por outro lado, por detrás de um dever está sempre a força do amor, como acabamos de ver. Ou não será por amor que a mãe permanece à cabeceira do filho doente, ou que o chefe de família se entrega ao dever profissional? O exame de consciência tem, pois, essa dupla vertente: os mandamentos e os deveres, ou melhor, os mandamentos que se desdobram em deveres: os deveres para com Deus, os deveres para com o próximo e os deveres para consigo mesmo.

Não nos perguntaremos apenas se não furtamos (7º mandamento), mas se fomos justos e magnânimos em retribuir aos que nos serviam, e se trabalhamos com todas as energias. Não ficaremos orgulhosos por não termos matado ninguém naquele dia (5º mandamento), mas nos alegraremos se fomos verdadeiramente semeadores de paz e alegria. Não teremos levantado falso testemunho (8º mandamento), mas nos envergonharemos de não termos sabido defender o bom nome de um colega.

Do mesmo modo, e antes de mais nada, o amor a Deus com todas as energias não se traduz apenas em guardar os domingos e dias de preceito ou em não usar o santo nome de Deus em vão, mas em ver como procuramos conhecê-Lo melhor, para melhor amá-Lo e servi-Lo. Li o Evangelho? Procurei a intimidade com Deus através da oração? Esforcei-me por melhorar a minha formação na doutrina e na piedade cristã?

E assim também honrar pai e mãe é obedecer-lhes, é corresponder ao seu sacrifício com a responsabilidade de um adulto. Como, vice-versa, os deveres de um homem e de uma mulher casados se estendem ao cumprimento em plenitude dos seus encargos com a educação dos filhos. É a totalidade da existência, os atos concretos e diários, que ficam em jogo. Não apenas o legalismo de não se terem violado umas proibições, mas todo o feixe de *responsabilidades* cristãs e humanas que entretecem cada etapa da vida.

As omissões

Mas também não bastaria ver o que fizemos de errado, se ao mesmo tempo deixássemos de ver o que simplesmente deixamos de fazer, isto é, as nossas omissões. Amar – voltamos a insistir – não é apenas não pecar. E quando nos omitimos, temos aí outra forma de errar.

Nietzsche afirmava que os cristãos se condenariam, não tanto pelas suas maldades, como sobretudo pelas suas insuficiências. Não parece ser senão o eco daquelas palavras com que Cristo prefigura o Juízo Final: *Vinde, benditos de meu Pai [...], por que tive fome e me destes de comer, tive sede e me destes de beber [...]. Apartai-vos de mim, obreiros da iniquidade, porque tive fome e não me destes de comer, tive sede e não me destes de beber, estava nu e não me vestistes* (Mt 25, 34-35 e 41-43).

Já não se trata agora de ver somente se cumprimos o dever, mas até que ponto nos esmeramos nele. Posso dizer que hoje amei a Deus sobre *todas* as coisas, e não apenas sobre algumas? Que trabalhei além do estrito dever, com uma dedicação, profundidade e pontualidade que ninguém me exigia, ninguém via e ninguém recompensava a não ser Deus? Até onde fui na atenção à esposa (ao marido) e a cada um dos filhos? Saber também de que modo positivo, criador, se concretizou o meu amor ao próximo: que tempo lhe dediquei, e se o tratei não como uma categoria intelectual, mas como uma realidade física, que se decompõe em almas que é preciso aproximar de Deus.

É uma nova lei a que Cristo nos estabelece: a lei da perfeição, *pois se amardes os que vos amam, que recompensa tereis? Também não fazem isso os publicanos? E, se saudardes somente os vossos irmãos, que fazeis a mais? Também não jazem isso os gentios? Sede, pois, perfeitos como vosso Pai celestial é perfeito* (Mt 5, 46--48). É a lei do *excesso*, por amor, no cumprimento do dever. Senão, que fazemos a mais que um pagão? E é neste ponto que podem estar as nossas omissões.

As causas

O exame de consciência deve ser breve, mas não superficial. «Pede luz. Insiste. – Até dares com a raiz...»[1].

Pouco importa – se não se trata de faltas graves – saber o número exato de vezes que falhamos, se desconhecemos as causas. Seria como irmos comprovando e tratando uma lesão de pele aqui, outra acolá, sem procurarmos saber qual a causa para podermos tomar o remédio específico. Por isso, não devemos deixar-nos impressionar por aquilo que logo se vê e parar por aí; como não devemos pretender registrar tudo com uma minuciosidade tal que acabe dispersando a atenção e cansando. É preciso, isso sim, seguir as pistas, interligar os fatos, até pôr a descoberto as raízes.

A tarefa do conhecimento próprio através do exame desdobra-se assim em dois momentos: por um lado, o mapeamento do nosso dia, que é um exame *geral*, em que vamos anotando as falhas e as omissões, e em que vamos procurando pôr-lhes remédio imediato, para que as feridas não se alastrem ou supurem.

---

(1) Josemaria Escrivá, *Caminho*, n. 240.

Mas vem depois um segundo momento em que, com o passar dos dias, a essa operação de primeiros socorros se segue um trabalho de «rastreamento», com o fim de apurar a causa ou causas dessas fraquezas aparentemente desconexas. E assim chegamos a um conhecimento mais profundo de nós mesmos, até identificarmos uma virtude básica que nos falta ou um defeito que nos domina. É como o trabalho do microbiologista, que procura reconhecer ao microscópio, entre uma multidão de micróbios, aquele que é a causa de determinada doença. Depois de uma operação prévia de «varredura», fixa a atenção no micróbio suspeito e o examina detidamente. É aquilo a que se tem chamado classicamente o exame *particular.*

Critérios práticos

Quando? Onde?

Poucos minutos diários são suficientes para o nosso exame de consciência. Com o tempo, à medida que nos acostumarmos a determinados pontos de referência, nem isso.

O que parece lógico é que seja ao fim do dia, à semelhança dos balancetes de caixa. Serão obstáculos a isso o cansaço da jornada, os compromissos à noite, as visitas, a televisão, etc. Ou não será antes a covardia de não nos querermos enfrentar a nós mesmos, sob o olhar de Deus? Que diríamos de um caminhante que tivesse tempo para andar, mas não para verificar se continua no rumo certo?

Aliás, não é necessário que seja numa hora e minuto certos, mas num momento certo, por exemplo, pouco antes de nos deitarmos, ainda que essa hora varie de um dia para o outro, ou logo depois do jantar. O que não pode faltar é a referência a uma ocasião certa no fim do dia.

Por outro lado, não tem muita importância o lugar. Pode ser o quarto, a própria sala de estar, contanto que possamos recolher-nos tranquilamente e fazer silêncio dentro de nós. É claro que o ideal seria uma igreja ou capela porque, como alguém já disse, as coisas se veem muito melhor à luz da lamparina do Sacrário. Neste sentido, há quem, ao voltar do trabalho, se detenha uns minutos numa igreja que esteja a caminho de casa e aproveite para rever o seu dia e elevar a Deus uma oração de agradecimento, um pedido de perdão e um propósito de retificação e de confiança. Seja como for, se nos convencermos de que vale a pena repassarmos as nossas atitudes diante de Deus, com certeza descobriremos o lugar e o momento adequados, com a necessária flexibilidade.

Métodos?

O exame de consciência é uma roupa feita sob medida. Por isso não se pode falar em métodos. Cada qual tem as suas medidas, e para cada qual as medidas podem ir mudando com o tempo.

Genericamente, podem-se apontar dois esquemas: um monográfico, outro cronológico.

Monograficamente, podemos «varrer» o nosso dia, investigando-o à luz dos temas centrais:

1º – Deveres para com Deus: os mandamentos da lei de Deus e da Igreja e as normas de piedade cristã: ler, orar, frequentar os sacramentos; o dever do testemunho cristão.

2º – Deveres para com o próximo: os deveres familiares, os deveres de justiça no exercício profissional e nas relações sociais, a prática das virtudes cristãs da convivência – a caridade com todos, as obras de misericórdia, o dever do apostolado pessoal no ambiente em que nos movemos.

3º – Deveres para consigo mesmo: se lutei por combater os meus defeitos e por adquirir as virtudes do Evangelho e as virtudes do caráter: a fé, a esperança, a caridade, a ordem, a humildade, a pureza de corpo e de coração, etc. Sobretudo, se lutei por adquirir a virtude que no momento mais falta me faz.

Podemos também seguir um esquema cronológico, no qual colocamos todos esses deveres e virtudes ao longo das diversas horas do dia e os vamos examinando por períodos: por exemplo, desde que nos levantamos até à hora do almoço; e do almoço até o momento em que nos examinamos. Isto pressupõe e sublinha a ordem necessária para situarmos nos diversos momentos do dia os nossos compromissos, de modo que o simples repassar de como ocupamos as horas em determinado período nos traga à mente se os cumprimos e como os cumprimos.

Veremos então se, desde que nos levantamos até à hora do almoço, dedicamos a Deus alguns minutos de oração; se lemos um trecho do Evangelho antes de sair de casa; se deixamos os assuntos familiares em ordem; e depois como é que trabalhamos – com que intensidade e sentido de acabamento, fazendo do trabalho uma obra-prima diante de Deus e dos homens.

No período da tarde, voltaremos a ver se perseveramos no trabalho com esmero, levantando o coração a Deus de vez em quando, à procura do sentido último do nosso esforço; e se o nosso trabalho esteve repleto de caridade e de espírito de serviço, sobretudo se nos contatos profissionais procuramos aproximar as pessoas de Deus. À noite, como é que cuidamos da família, se descansamos fazendo descansar, se nos divertimos divertindo. E se igualmente houve para com Deus uns momentos de recolhimento, uma leitura espiritual e a oração vespertina, passando, se possível, por uma igreja.

Este esquema tem em vista o homem que sai de casa a trabalho. Não custa muito adaptá-lo às circunstâncias da dona de casa ou de um jovem.

Há quem resuma tudo isto, quando se têm princípios de comportamento claros e ordenados, em três perguntas muito simples:

– Que fiz mal?
– Que deixei de fazer?
– Que podia ter feito melhor?

E com esta rede de perguntas, por um ou outro sistema, o certo é que nos vamos identificando cada vez melhor, vamos enxergando os nossos progressos e recuos, levando a cabo a tarefa do conhecimento próprio à luz do conhecimento de Deus.

O espírito de exame

Já vimos atrás que o exame de consciência não pode ser algo eventual – para os momentos de crise ou de abatimento –, mas que tem de se transformar num hábito enraizado que, com o tempo, se vá realizando com mais facilidade e eficácia, a modo de uma contabilidade diária. Ora bem, para que isso aconteça ao longo da vida, há uma coisa que ajuda: o espírito de exame.

O espírito de exame é uma disposição habitual de «conscientização» dos nossos atos e atitudes, própria de quem sabe que está sempre na presença de um Deus que o vê e escuta, e o estimula a sentir-se filialmente responsável. É, pois, uma vigilância contínua sobre si mesmo, não de polícia ou de obcecado, mas como a da mãe que, sem parar de ocupar-se em múltiplas tarefas, permanece atenta ao filho pequeno, o dia inteiro, aos seus pedidos ou aos seus desejos não expressos.

Podemos compará-lo ao sistema de defesa de um organismo sadio que logo acusa a presença de um perigo, de um foco de infecção ou de uma contusão, mobilizando prontamente as reações necessárias e convenientes para os enfrentar. Desta maneira, o espírito de exame nos fará ver imediatamente uma coisa que ofendeu a Deus, ou que não está a correr bem ou podia correr melhor, e nos pode levar a reagir com a mesma prontidão: seja diante de um pensamento, um sentimento, um desejo, uma palavra ou uma ação ou omissão.

Este espírito de exame exige sensibilidade, finura de consciência. E para isso, basta cultivar de tempos em tempos, com a frequência que seja possível, o sentido da proximidade de Deus, da sua presença ao nosso lado. Deus está no céu, na terra e em *todo o lugar*, aprendemos no catecismo. E está interessado em nós e nas nossas coisas.

Não se trata de forçar o espírito de exame. Aliás, ele virá também como consequência da prática habitual do exame de consciência no fim do dia. Mas, ao mesmo tempo, importa cultivá-lo porque, além de servir de pronto-

-socorro, como víamos, facilitará o exame de consciência à noite: os nossos atos não se terão apagado da memória, a sua qualificação será mais clara, e poderemos identificar com outra profundidade as causas dos nossos erros e os remédios a longo prazo.

Retificar

O conhecimento próprio à luz de Deus, feito de humildade, encerra a graça da conversão. Diz Saint-Exupéry: «Compreendo perfeitamente o sentido da humildade. Não é incriminação de si mesmo. É o próprio princípio da ação»[2]. Não é o mero desgosto de perceber que não somos super-homens, mas a alegria de retificar.

O filho pródigo, depois daquele ato de reflexão que o levou a compreender o erro que cometera, sentiu um alvoroço interior que o fez insurgir-se contra a situação a que chegara e pôr-se a caminho: *Levantar-me-ei...* É a determinação e a agilidade que encontramos a cada passo no Evangelho, no cego que grita a Cristo

---

(2) Antoine de Saint-Exupéry, *Cidadela*, Aster, Lisboa, p. 201.

pedindo-lhe a vista, apesar de que o mandavam calar-se, em Zaqueu que pela sua estatura não consegue ver Cristo que passa, e tenta outra vez mais adiante, e acaba subindo a uma árvore...

As pessoas que se arrastam pesadamente, que olham com tédio ou desânimo para toda a perspectiva de mudança, jamais experimentam a alegria de retificar. «Deixa estar para ver como é que fica», dizem, encolhendo os ombros.

Os propósitos de luta

Para retificar, é necessário fazer propósitos. É um erro funesto pensar que bastam as intenções, quando são necessárias *decisões:* «Disseste e te ouvi em silêncio: "Sim, quero ser santo". Se bem que esta afirmação, tão esfumada, tão geral, me pareça normalmente uma tolice»[3].

E decisões pequenas, não copernicanas, que ninguém é capaz de cumprir da noite para o dia. Dizia alguém que é necessário fazer propósitos tão simples que qualquer idiota os possa cumprir. Não tenhamos receio de bancar os idiotas.

---

(3) Josemaria Escrivá, *Caminho*, n. 35.

Hão de ser poucos: dois ou três. E que sejam práticos, ao alcance da mão.

Um defeito com tantas manifestações como a preguiça pode começar a ser combatido eficazmente pela simples decisão de levantar-se sempre à hora certa. Um homem para quem os negócios sejam «o dinheiro dos outros» pode começar a lutar contra a ambição dando uma esmola generosa ao pobre que lhe estende a mão. Uma virtude tão grande como a caridade pode começar a tornar-se algo vivo e novo em nós se nos propusermos sorrir hoje ao colega que nos aborrece, ou ouvir com boa disposição as fantasias do filho pequeno e as dificuldades da esposa com a empregada. A grande ignorância que temos de Deus e dos princípios da fé acabará cedendo em pouco tempo se todos os dias dedicarmos dez minutos à leitura de um livro de espiritualidade.

Temos de medir as nossas forças para que esses propósitos de mudança não sejam tão difíceis que nos desanimem nem tão fáceis que nos desinteressem. Isto não é uma porta aberta à mediocridade nem à superficialidade, mas ao realismo cristão. E assim se abre a via a decisões progressivamente mais difíceis, que já não o serão tanto porque estaremos treinados.

A luta no exame particular

A essas modestas correções de rota, deve acrescentar-se, porém, com a mesma modéstia, mas em continuidade de esforços, a luta por adquirir a virtude que mais nos falta e que é objeto do nosso exame particular.

Identificado o defeito dominante após um certo tempo de exame, já estamos em condições de fazer com que o conhecimento próprio não seja fútil ou estéril. É agora que podemos imitar São Paulo, quando dizia: *Eu luto, mas não como quem fustiga o ar* (cf. 1 Cor 9, 26). Já não lutamos contra moinhos de vento.

Esta luta centrada num único ponto serve não só para concentrar esforços, mas também para dar combate a outros defeitos que lhe estão ligados. É do inimigo que vem o conselho. Quando os homens do exército sírio avançavam contra Israel, receberam esta ordem: *Não luteis contra o grande nem contra o pequeno, mas unicamente contra o rei de Israel* (2 Cr 18, 30).

Mas a luta tem de ser positiva, isto é, não se trata tanto de arrancar o defeito que nos domina, mas de adquirir a virtude oposta. Não é uma simples questão de método ou de palavras, mas de uma visão criadora de energias de toda a vida e, particularmente, da vida cristã. É mais estimulante tentar alcançar um cume do que enxugar um pântano.

Por outro lado, é o que melhor permite estabelecer a estratégia do combate: mais difícil e problemático é, por exemplo, conseguir não irritar-se numa determinada situação, a maior parte das vezes inopinada, do que propor-se a tarefa de adquirir a virtude da serenidade. Um homem que se esforce por elevar o coração a Deus no meio das suas ocupações e na vida de família – mediante uma breve invocação mental –, acabará por ser habitualmente cordato e amável, porque verá nos outros filhos de Deus como ele; esse homem certamente se deixará arrastar menos por um acesso de mau gênio do que aquele outro que simplesmente diga: se alguém me pisar os calos – física ou moralmente –, não gritarei. Nem todos os minutos nos andam pisando os calos, mas a cada passo temos ocasião de tratar com cordialidade um provável pisador de calos.

Portanto, interessa muito detalhar as ocasiões em que podemos exercitar-nos ao longo do dia nesse ponto de luta: situações, pessoas, momentos. Ocasiões que se repitam e ofereçam oportunidades; ocasiões que nós mesmos criemos para ir adquirindo a virtude. Se sou preguiçoso e devo, pois, adquirir a virtude da laboriosidade, tenho de chegar ao detalhe de fixar uma ordem de trabalhos, começá-los e acabá-los pontualmente, aumentar sem medo a carga das minhas responsabilidades para ter de espremer o meu tempo, etc... *Eu corro, mas não à toa*, dizia também São Paulo (1 Cor 9, 26).

Em resumo, boa tática é «dividir para vencer». Dizia alguém que um grande impossível se resolve num grande número de pequenos possíveis. Não leva a nada querer bancar o homem forte do circo, que rasga de uma só vez todas as páginas de uma lista telefônica. Temos de imitar as crianças: elas conseguem o mesmo efeito com um pouco mais de tempo: rasgam-nas todas, uma a uma.

Com a graça de Deus

Prosseguir na luta sem esmorecer, tanto nas resoluções do exame geral como, sobretudo, no exame particular, exige precaver-se contra os fracassos, pois já se sabe: especialmente no caso do exame particular, na primeira semana tudo vai bem; na segunda, mais ou menos; na terceira, até esquecemos qual é mesmo o exame particular. Quando isto aconteça, recomeçar.

Contamos com a nossa vontade, que tem de ser «como um esporão de aço»[4]. Não podemos ser moles como gelatina. Dá que pensar aquilo que dizia um homem do campo:

– Sr. João, o senhor tem força de vontade?

– Doutor, quando quero, tenho; quando não quero, não tenho.

Mas, felizmente, contamos acima de tudo com a graça de Deus. Foi por ela que conseguimos atingir e atualizar um conhecimento veraz de nós mesmos, e é por ela que conseguiremos transformá-lo num princípio eficaz de mudança. Deus está mais empenhado nisso do que nós mesmos, pois quer ver reproduzido em cada homem o rosto de Cristo e que toda a humanidade seja, no dizer de Santo Agostinho, um só Cristo. Esta é a grandeza a que está chamado todo o homem que sabe partir da sua miséria, isto é, de um sincero e humilde conhecimento de si mesmo diante de Deus.

---

(4) *Idem*, n. 615.

Direção geral
Renata Ferlin Sugai

Direção editorial
Hugo Langone

Produção editorial
Gabriela Haeitmann
Ronaldo Vasconcelos

Capa
Gabriela Haeitmann

Diagramação
Sérgio Ramalho

ESTE LIVRO ACABOU DE SE IMPRIMIR
A 04 DE ABRIL DE 2022,
EM PAPEL IVORY 75 g/m^2.